41 meses en pausa

Tránsito de Fuego

Colección de poesía

Poetry Collection

Journey of Fire

Rebeca Bolaños Cubillo

41 MESES EN PAUSA

Nueva York Poetry Press

Nueva York Poetry Press LLC
128 Madison Avenue, Oficina 2RS
New York, NY 10016, USA
Teléfono: +1(929)354-7778
nuevayork.poetrypress@gmail.com
www.nuevayorkpoetrypress.com

41 meses en pausa
© 2018 Rebeca Bolaños Cubillo

© Contratapa: Alejandra Solórzano

ISBN-13: 978-1-7326314-1-0
ISBN-10: 1-7326314-1-7

© Colección *Tránsito de fuego vol. 1*
(Homenaje a Eunice Odio)

© Concepto de colección y edición:
Marisa Russo

© Editor literario:
Alfredo Trejos

© Diseño de colección y cubierta:
William Velásquez Vásquez

© Fotografía de portada:
Adobe Stoke 201093551

© Fotografía de la autora:
Robert Demes II

Bolaños Cubillo, Rebeca
41 meses en pausa/ Rebeca Bolaños Cubillo; 1a edi-- New York: Nueva York Poetry Press, 2018. 170 p. 5.25"x 8"

1. Poesía costarricense 2. Poesía centroamericana. 3. Literatura latinoamericana.

Todos los derechos reservados. Esta publicación no puede ser reproducida, ni en todo ni en parte, ni registrada en o transmitida por, un sistema de recuperación de información, en electroóptico, por fotocopia, o cualquier otro, sin el permiso previo por escrito de la editorial, excepto en casos de citación breve en reseñas críticas y otros usos no comerciales permitidos por la ley de derechos de autor. Para solicitar permiso, contacte a la editora por correo electrónico: nuevayork.poetrypress@gmail.com

Impreso en los Estados Unidos de América

Avara pena, tarda tu don
en esta mi hora
de suspirados abandonos.

Oboe Sumergido
SALVATORE QUASIMODO
(Módica, 1901- Amalfi, 1968)

Inventario

No lleva orden de importancia,
pero sí de lo que viene
fácilmente a la memoria:

-Un recipiente, resultado del sudor oscuro
de la pared del útero.

-Dos historias de valor y entrega.

-Cuatro bastones: grandes y robustos.
Flexibles, pero fuertes.

Innumerables cajas,
vacías y en mal estado

hacen fila y se abren,
esperando que deposite algo en ellas
que a veces sé qué es y otras veces no.

MONOTONÍA

Enfrentarme a la noche
con las pupilas llenas de nada.

Pasear la lengua por los labios
y tan solo sentir un sabor a sangre seca,
rancia, podrida.

Sentarme en la silla de siempre,
frente al mismo escritorio,
mirar hacia afuera
y toparme la puerta roja,
con el marco amarillo.

Las paredes verdes y la luz de la lámpara,
las cortinas grises de ceniza y de polvo,
los cuadros en sus propios sitios,
lo intangible de la nada.

Y en el lugar de siempre tu sombra
que nunca se va.

Ya estoy algo grande
y cansada
para amanecer así,
con vos, pero sin vos.

Sequedad

Se me secó la garganta,
me creció la sed.

Se me perdieron las razones,
se me apagó la fuente.

Los pechos en los que saciaste
tu afán de media tarde,
son hoy dos pequeños poemas
curtidos en un armario.

Tomame de nuevo,
como si la ceniza que emana del volcán
marcara el momento exacto
en que se detiene el tiempo.

LA LÁPIDA

La lápida era gris y no decía nada.

Tenía, como las otras,
su propio lugar en el cementerio.

Pero no decía nada.

Y no tenía nada adentro.

El puente

Estás del otro lado del puente,
lleno de huecos verdes
y de líquidos tóxicos.

Desde aquí te observo,
intento hacerte cruzar,
no ponés atención a lo que digo.

Ella es la tabla rota que no rebasás,
está llena de moho, quebrada en el medio,
con astillas de odio
en ambos costados.

Con veneno en la boca,
cuchillas en los ojos.
Tiene entre sus piernas un túnel
que lo traga todo.

Mientras tanto yo te espero
al otro lado del puente.

DESPERTAR

No sé si no estás
o estás lleno de nada.

Otra ronda de whisky
añade un color oscuro
a mi desasosiego.

De noche despierto sudando
y maldigo el impulso
que me hizo leerte.

En vos confía mi cuerpo

Mi cuerpo sabe que sos de confianza.

La mancha en la axila izquierda,
el lunar en el talón derecho
y ese sitio que tan bien responde
al vaivén exquisito
de tu ritual al amarme.

Este cuerpo mío te reconoce.

Deseoso te muestra el camino
antes del baile infinito
que inicia con quitarnos la ropa.

La ruta que marca el destino,
el sendero que siempre llueve
y el monte húmedo
que he sido en vos.

¡Mip, mip, mip!

Otra vez el mismo sonido.

Se mete en la cavidad interna
que reposa en mi sien,
entra por esa ruta que va directo al cerebro.

¡Mip, mip, mip!
Trata -sin lograrlo-
de alegrar el lastimado ego,
después de que lo ignoró tantas veces.

Hoy no quiero ceder.
El cansancio le gana la batalla a la paciencia.

¡Mip, mip, mip!

Hoy no voy a ceder,
pero igual el sonido no para.

OSCURIDAD

¿Estás esperando a alguien? -preguntó la mujer del vestido amarillo.

No.

¿Sabés?

Hay días que todo está tan oscuro por fuera como lo está por dentro.

Destierro voluntario

En total dominio de sus facultades
mi cuerpo se destierra de tu cuerpo.

La expiación del sexto intento de quererte,
después de haberte perdido otra vez,
no fue suficiente,
mi cuerpo demanda lejanía.

También mi abrazo, mi beso,
ese deseo enorme de salvarte,
todos están decidiéndose por la distancia.

El pensamiento y el corazón, en cambio,
no consiguen ir a ninguna parte
y siguen adheridos tercamente a vos.

EL RELOJ DE PANDORA

El Reloj de Pandora se repite en el tiempo,
causa estragos idénticos
cada vez que la manecilla
pasa por el número cinco.

Esa misma cantidad de lapsos
la esperanza se encapsula.

Catorce veces cada día.
Así cada veinticuatro horas.

Por eso, de vez en cuando,
siento que me absorbe la desesperanza.

TARJETA ROJA

Cada vez que sentís que pasaste
un enorme y afilado cuchillo
por lo que une mi cuerpo
con mi cabeza,
¿te parece que podés salvarte
preguntando si esta vez
te voy a sacar la tarjeta roja?

Más bien me dan ganas
de arrancarte la lengua
con mis propias manos.

Pero en cambio,
me siento impávida, callada
frente al volante
queriendo decirte:

¿De cuál puta tarjeta roja estás hablando?

Angustia

Hay días como hoy,
que tengo urgencia de sexo
en las sábanas limpias.

Me dan ganas
de abrir en dos las puertas
y de golpe entrar en la casa
que habitan mis deseos,
cuando te vas de gira
en tus camiones viejos.

Pero hoy me quedaré
como otras veces,
detrás de la puerta cerrada,
sin poder anegar mi urgencia,
afuera de la fiesta
y de la vida.

Acusados

A la una de la madrugada
qué podría ser peor que ver por televisión
cómo tres tipos abusan de Sarah Tobias
en una mesa de pinball en un bar.

Entretanto
vos me sacás el corazón
con tus enormes manos,
mientras preguntás
"¿Por qué te duele?".

CALLE SIN SALIDA

Hay mujeres que son como callejones:
oscuras, sombrías, estrechas.

Si las ves desde afuera,
parecen un camino,
pero al ingresar en ellas
solo son una callejuela.

Sus destinos son corredores sin salida,
caminos lúgubres de barrio de la desventaja,
callecitas pequeñas,
olorosas a su propia mierda.

Trayectos llenos de tristeza.

Rutas que no llevan a ningún lugar.

Degradación

Me borré de tu lienzo,
los tonos claros primero,
poco a poco también
desaparecieron los oscuros
y quedó la nada
y el blanco de todo.

La página lúgubre se tornó clara,
sin color, ni sombras.

Con el lienzo en blanco,
ya fue imposible no botar el cuadro
y empezar de nuevo.

DICTADO

En tu inevitable ausencia
me leo con tu voz
todos los poemas
que no me estás escribiendo.

DESNUDOS

Del tobillo izquierdo
hasta el manubrio del esternón,
me desnudo ante vos.

El costado derecho se lo revelo al mundo.
Los pies, por rebeldía,
no los muestro a nadie,
la cabeza en cambio,
siempre irá descubierta.

El coraje que se me esconde hoy
ya vendrá a buscarme
y podré mostrar
las heridas provocadas
por tanta palabra muda.

Derecho de respuesta

Se le olvida al poeta
que el resto del mundo
también tiene derecho
a sentirse rancio.

Que no es territorio exclusivo del poeta
el infierno,
la mala noche,
el amor podrido,
la mujer que lo manda a la mierda,
la orina de rata,
ni el azufre que se mete
en los órganos internos.

SAMURAI

De un solo tajo
le laceró el corazón
con su espada.

Con sed de su sangre
y de su vida,
se le clavó muy dentro con violencia.

Entonces,
no le quedó otro camino que amarlo,
sentada bajo el árbol de las flores violeta.

El camino de Santiago

Llegar a vos es, a veces,
como recorrer el Camino de Santiago.

Viajo hacia el este al mediodía
y el recorrido es como la espera,
llegar al destino no siempre seguro,
pero deseado.

Aquí

Aquí, aquí, aquí.

La respuesta de siempre
a la pregunta aborrecida.

El nombre con el que te gusta llamarme,
ese que vos elegiste.

¿Sabés?

Estoy empezando a odiarlo.

Del hueso de mi cadera
sobresale una astilla renegada,
que no se queda en su lugar.

Odio tu sangre,
cuando en días como hoy,
sale por tu nariz
y lo ensucia todo.

HAIKU

No puedo escribir haikus.

Es imposible describir
unos ojos como los tuyos
en solo diecisiete moras.

NADA ES LO QUE PARECE

No hay palabras definitivas cuando se ama.

Un "adiós" es a veces un "salvame".

Un "te lo ruego" puede ser un "te amo".

Un "nos estamos yendo al carajo"
puede ser un "no te rindás".

No hay acciones finitas cuando se ama.

No responder puede ser curarse,
llorar,
lavarse las heridas,
alejarse,
la posibilidad de seguir viviendo.

Nada es lo que es cuando se ama,
el amor no es amar,
el dolor es dolor

y ese vacío en el estómago
no es más que la necesidad
de comer un plato de frutas.

DE LAS PEQUEÑAS COSAS

El mundo también está lleno
de cosas pequeñas:
los dedos de un panda recién nacido,
la flor amarilla que sobrevive en el concreto.

El pico inquieto del colibrí,
la mente de algunas personas
y la punta del lápiz con el que escribo.

WHATSAPP

Me despierto,
me aseguro de que respira,
busco las medias,
me levanto.

Reviso el WhatsApp,
él aun no escribe.

Espero.

No escucho radio,
no veo televisión,
no hablo por teléfono.

Repaso el WhatsApp,
su primer Buenos días, bella aparece
y entonces el día comienza.

TEMPLOS

¿Quién construye un templo para no usarlo,
para no permitir que se llene de gentes,
de pecados,
de gritos,
de huellas que dejan los zapatos sucios,
de olor a humo de tabaco,
a licor añejo.

De amores,
de pensamientos,
de infieles que buscan misericordia.

Tenemos que usarlos, ensuciarlos,
desgastarlos de gozo y alegría.

Después hay que limpiarlos
y dejarlos listos.

Que así cumplan con el objetivo
para el que fueron creados.

LA SILLA VACÍA

A mi lado derecho,
en el asiento que no ocupás,
está mi bolso.

Al menos una masa
ocupa tu lugar.

EL PEQUEÑO VIAJE QUE ME SALVA Y TE SALVA

I

Tus ausencias se convierten
en pequeñas vacaciones.

Aprovecho que te vas y paseo por Milán,
Praga, Chiloé.
Algunas veces hago algo más caro,
más complejo
y me voy de paseo por tus poemas.

Acertada decisión ¿sabés?

Esa de tomarme vacaciones de vos.

No lloro, no dejo de comer.
No reviso el teléfono como un negociante
que espera la llamada de un cliente.

En cambio, me voy de vacaciones

y es mejor para vos y para mí.

Para mí porque tengo paz

y para vos porque atenúa el peligro

de quedarte para siempre en el destierro.

II

Por favor, dejame tranquila
cuando tengás que ausentarte.

Si me hablás o me escribís,
solo sirve para inquietarme,
no te entiendo nada.

Yo no hablo ninguno de los lenguajes
de esos países a los que te vas.

Volvé a mí cuando ya estés preparado.

No encendás mi corazón.
No arruinés mis vacaciones.

Descanso

La siesta es un placer
que se le niega al inquieto,
aunque las garras de un oso negro de Florida
le obliguen al descanso
como si huyera de la muerte.

El inquieto no puede
dejarse atrapar por la siesta,
aunque lo desea.

Se acuesta extendido boca abajo,
de lado, en posición fetal,
con el trasero apuntando al techo,
pero no encuentra ese minúsculo
pedazo de descanso.

La siesta es una tarea imposible para el inquieto.

No logra hacer esa pausa,
ni sentarse con las piernas queditas,

ni dejar de pensar en la gotera
que se activa cuando llueve.

No puede masticar diez veces
lo que se lleva a la boca,
ni lavarse los dientes
durante tres minutos.

No se duerme en un carro
aunque no sea quien maneja,
tampoco puede esperar en la fila de un banco.

No logra aquietar su corazón,
cuando debe apartarse de quienes ama.

CREYENTES

El arcoíris llegó desde el norte,
sus colores lo pintan todo,
como si el blanco, azul y rojo
pertenecieran ahora
a una bandera extranjera.

Mientras tanto, los creyentes
hacen fila en las iglesias, se estremecen.

Desde sus dispositivos maldicen,
-aunque sea sábado-,
señalan con el dedo gigante,
el pecado de los otros,
el acto en contra de su dios.

Condenan desde su silla de perfección y pureza.

Se olvidan de los cuadros que adornan
las paredes de sus casas
y del sétimo día de descanso.

Codician la casa, la mujer,
el carro y hasta el perro del prójimo.

Hablan en nombre de su dios
como si él mismo se los hubiera pedido al oído.

Mientras que un dios-niño,
observa divertido como siempre lo hace,
en silencio y sin intervenir.

ATAQUE

Al amor le mordieron los zapatos
y hoy no ha podido salir a caminar.

EXFOLIADOR VITAL

Muchas toallas tienen un lado más áspero,
usualmente es el que uso para secarme,
siento que me exfolia.

Igual hago con la vida.

LOS HEMISFERIOS CEREBRALES
DE CARRIE BRADSHAW

No me gusta "Sex and the City".

Esa serie y estar de mal humor
son una pésima combinación.

Finalmente tengo de nuevo el televisor,
pero no encuentro qué ver,
ni a quien generalmente
me recomienda películas.

Busco entre los canales
y me detengo en una discusión
en "Sex and the City",
veo la serie sin realmente verla mientras pienso:
- ¿Qué puede ser peor que Carrie Bradshaw
tratando de decidir si se queda con Mr. Big
o con otro,
basándose en las funciones
de los hemisferios cerebrales? -

La respuesta llega,
como un recordatorio de por qué
no me gusta ver "Sex and the City".

Carrie confunde las funciones
del hemisferio derecho
con las del izquierdo.

Las decisiones racionales
se toman con el hemisferio izquierdo.

En "Sex and the City" y en la vida,
hay personas a las que el lado racional
no nos funciona.

AMOR

No son mariposas en el estómago.
Es un colibrí en el pecho.

Ciclos

Es mentira que todos los caminos lleven a Roma.

Ayer salí de mi casa y caminé por horas,
todo para llegar al lugar donde empecé.

Es mentira que uno avanza en la vida.

Lo que hacemos es andar en círculos.

LUNA LLENA, BLANCA Y ROJA

Algunas veces
la luna llena se pinta de rojo sangre,
rojo hierro, rojo del lápiz labial
que me atrevo a usar muy poco.

Allá arriba blanca, llena,
la diosa que despreció al sol,
la estrella que acompaña la noche,
el último pedazo de pan
para la poeta que mendiga.

Y aquí abajo la otra,
la luna llena roja,
sangre que vuelve a la tierra,
ferrosa, imprescindible,
llena de todos esos otros hijos
que no serán nunca.

EMANCIPADA

El miedo paraliza, incluso la voluntad de vivir.
GABRIELA ARGUEDAS

Desatar no siempre significa irse,
con los dos ojos anclados en los tuyos,
las dos manos apretadas
al mecanismo que bombea tu sangre
y la idea de quererte porque me da la gana,
lo único que dejo ir es el miedo.

Aún me duelen las rodillas,
por las veces que, rogando,
he tratado de darte una razón para quedarte.

Al parecer solo te sirve como excusa,
para un viaje de ida que siempre tiene regreso.

Decido bajarme del tren y esperar en un banco,
esperarte.
Como en esas historias cansonas de ancianas

en los andenes

o en los dinteles de las puertas

o al lado de las tumbas en los cementerios.

Sin tocarte, sin hablarte,

sin oírte, sin sentirte,

así como has estado vos

muchos de los últimos

doscientos setenta y cinco días con sus noches.

Sentada te miro ser, conversar, caminar,

leer, beber, escribir.

Como el fantasma que no sabe

que es un muerto, pero es feliz

porque a quien ama también lo es:

hace lo que quiere hacer,

transita por los lugares que elige.

Entre tanto,

yo me emancipo del miedo de perderte

y encontrarte y perderte de nuevo

en una sola noche,

en un respiro que dura cinco horas.

Me emancipo de la enorme soledad de tus silencios,
del insostenible peso de los míos.
De decir las palabras que no debo,
de tomar las acciones que no quiero.

Me emancipo de la espera
y con esta libertad
encuentro paz.

SIGNIFICADO

Vos escribís luna
y yo leo zapato.

Si escribís papel
leo saliva.

Escribís siempre
y leo macarrones con queso.

Estirás la mano para agarrarme
yo veo al dealer que me arrebata
la baraja ganadora.

FANTASMA

> *No te imaginas cuánto amor me llevo.*
> *El amor intense se va contigo.*
> GHOST. La sombra del amor

Este era un poema de amor,
quería que supieras que te extraño,
que estar lejos de vos es un fastidio,
que las canciones, las películas y los poemas
dicen la verdad.

Te esperé sentada en el sillón,
una hora, dos horas,
las horas infinitas que solo sabe contar
quien ha esperado alguna vez.

Te esperé como espera la esposa al soldado,
el estudiante el resultado de su tesis,
la estéril el positivo en su prueba de embarazo
y como espera el condenado su descanso.

Te esperé,
tenía algo importante que decirte.

Te esperé,
sé que te habría gustado escucharlo.

Te esperé,
por horas y horas y horas.

Te esperé,
ya nunca recibirás el mensaje.

Esta noche,
la mujer del soldado se entera de que no vendrá,
el estudiante se entera que fracasó en su tesis,
la prueba de embarazo solo mostró una raya roja
y al condenado se le niega el sueño.

Esperé, esperé, esperé,
como espera un fantasma
que busca llevarse un poema
que se supone que no era de amor.

Taller

Los poetas trabajan en la habitación contigua.

Leen un poema,
lo hacen por segunda vez.
Lo comentan.

Comen galletas de la Nona italiana
y pan con natilla,
con café o té.

Hoy no toman cerveza.

Los poemas son cortos, largos,
de historias de infancia,
eróticos,
de dolores ajenos,
de lejanas formas de temer.

Los hay muy densos
y también muy simples.

Camino por el pasillo
y siento la energía de los poemas,
como una soga amarilla que me sigue,
me atrapa,
me lanza hacia el banco.

Tomo el cuaderno y el lápiz.

Me siento a escribir.

PERDÓN

Pedir perdón es un descanso.

Admitir que el error es uno más
de los propios procesos de mi cuerpo,
es un certificado de vulnerabilidad,
que me suelta, me desata,
libera mis pies,
los aligera.

Me equivoco, fallo,
no siempre sé qué hacer,
estoy proclive a la vergüenza.

No se me hace complicado pedir perdón,
pero descubrí que es más difícil
cuando la culpa es real.

NOMBRES

Dejame que lo explique así:
vos sos mi macho.

Escucharte decir mi nombre suena
como el llamado del lobo,
que busca a su loba para aparearse.

Me gustan los vocablos
que usás para llamarme.

Los que son aptos para el oído del mundo
y también los que usás solo conmigo,
cuando te "cocinás en cada molécula" que soy.

Disfruto fantasear con ser tu amor,
ese que, siendo nuevo,
en vos es el más antiguo.

Todo en mí responde
cuando me llamás con esos nombres

que solo vos y yo sabemos.

Todo en mí reacciona,
el bosque ahora talado
que separa mis muslos
y el colibrí furioso que habita mi pecho.

TRAJE

No uso el traje las veinticuatro horas,
algunos días máximo tres.

Es un traje ajustado, pequeño,
a veces se le humedecen
los agujeros de los ojos.

Trato de meterme en él los domingos,
cuando el tiempo lo permite,
cuando la prisa y el afán de la mujer en mí,
descansan.

Puedo entonces ponérmelo
con la calma que requiere.

Es un traje que se vuelve enorme,
si medimos sus dimensiones
en responsabilidad,
en deseos que se abandonan,
en sueños que si querés cumplir,

no te permiten usar el traje como se debe,
o como dicen que se debe.

Me lo pongo cada vez que puedo,
pero son pocas las oportunidades.

El resto del tiempo lo dejo ahí colgado,
para que ella lo vea y se sienta segura.

Ese mismo traje
que espero que ella algún día
se coloque a su manera,
en total libertad y plenitud.

NUESTRA CANCIÓN

Cuando esté lloviendo en vos,
interpretaremos como otras veces, esa pieza...
...¡Y recordarás!

VIOLONCHELO

El niño prodigio del violonchelo toca
y con su arco raspa una a una las cuerdas.

Acostada en el sillón lloro,
escucho la melodía y pienso:

¿Cómo es que el niño prodigio
del violonchelo,
que además está en el televisor,
conoce exactamente
dónde rasparme con su arco esta noche?

INTOLERANCIA

El calor de la tarde,
el frio de la madrugada,
las fiestas del vecino,
tus constantes ausencias,
la voz de "Pepa Pig" en el televisor,
el desorden en la casa,
la menstruación cada mes,
los platos sucios,
los hombres machistas,
las mujeres sumisas,
los que llegan tarde,
los teléfonos privados,
tu sed que no se apaga,
el padre que abandona,
la madre que se victimiza,
el ruido de las motos,
los miedos de mi juventud,
el tiempo perdido.

Aunque los años nos traen madurez,

yo me lleno de intolerancia.

¿De dónde me saco la paciencia?
¿Cómo le respondo a lo cotidiano?
¿En qué lugar me escondo?

¿Para qué el beso, el abrazo,
la voz del otro lado del teléfono?

¿De qué sirve el "sos hermosa",
"tenés una bella sonrisa", "feliz día"?

No me gustan las flores,
ni los chocolates,
ni los juguetes de peluche.

No me gustan los aplausos,
ni hablar frente a un grupo de personas.

Estoy harta del camino,
de la meta,
del destino y la salida.

No tolero las pasiones,
el desgano,
la apatía.

Se supone que se madura con los años,
yo solo me vuelvo intolerante.

Parajoda

Reviso mis notas
y logro encontrarme.

Yo soy esta casa que habito,
mi cabeza es el piso,
mis piernas las vigas,
las manos son mis puertas
y el corazón es mi dormitorio.

Soy de madera fina, resistente,
de madera de cedro.

En esta casa que soy
y que también habito,
esa que vive creyendo
que alejándose se acerca,
que, con tiempo, distancia, un buen whisky,
tal vez un libro –no importa si es malo-,
un cuaderno, un lápiz
o con perderse en el árbol

que se asoma sobre el techo,
podrá rellenar el espacio de lo ausente.

Todo en mí es verdadero,
aunque algunas veces no lo parezca.

Colores

Algunos de mis días
llegan ausentes de colores,
todo está bien, normal, tranquilo,
está todo en blanco y negro,
como la foto de la portada de tu nuevo libro.

No es enojo, o apatía.
Los días que siento esas cosas,
vienen de color rojo,
unas manos enormes y fuertes
me arrancan la calma y la tiran al piso,
unos pies indefinidos y confusos
la aplastan con furia.

El rojo no tiene cuerpo,
solo manos y pies que destruyen la calma.

El blanco y negro
es un estado neutro,
que raya en la tristeza,

pero que se refugia en la alegría.

Por suerte para mí y para vos
-supongo que también para otra gente-
casi todos mis días llegan azules.

Contrario a lo que se dice por ahí
y a lo que significa para otros,
mis días azules son los mejores.

El azul es estabilidad,
sin calma, ni tensión.

Es el color que me sienta
frente al Océano Antártico
durante una fría mañana de invierno.

PARTO

No recuerdo los dolores de parto.

Tuve contracciones,
como primeriza estaba asustada,
pero no logro recordar el dolor.

Sé bien que dolió,
recuerdo que me dolió,
pero no recuerdo el dolor.

Abrirse como un gajo de naranja,
sin ninguna sustancia para el alivio,
que una criatura se abra paso en la vagina
y que además te desgarre,
tiene que ser doloroso
y lo es.

Solo que no recuerdo aquel dolor.

Lo pienso y comprendo que así me sucede

con otras cosas:

Entiendo cognitivamente que hubo dolor
pero, al no recordar la sensación,
es como si nunca hubiera dolido
y esto es un conjuro mágico que me salva,
que me acerca al perdón verdadero.

Espera

No me gusta esperar
en el sillón del desasosiego.

Las horas simplemente pasan,
como las burbujas de jabón
de los juegos de la niña que fui,
pero con la incoherencia de querer atraparlas ahora,
como la mujer que soy.

No es posible que tras la cortina blanca
manchada del moho sucio de tu ausencia,
no pueda yo apreciar lo verde de los árboles,
el color amarillo pálido de las flores
o el chile rojo que crece sin paciencia.

Me revientan esas cosas cotidianas
que me pasan y pasan mientras espero,
cuando te extraño.

El olor al almuerzo que no llega,

el sonido que anuncia
la entrada de un correo,
mi teléfono que me informa que llegó un mensaje
y no es tuyo.

La llamada telefónica del banco,
el programa de radio
que terminé escuchando sola.

Yo podría escribir sobre trenes subterráneos
en una ciudad que no existe,
de la gradería de sol que veo en tus ojos,
los montes verdes que se te esconden en las orejas,
o los diminutos insectos en las uñas y la cabeza
de una mujer que alguna vez amaste.

Podría escribir
que las hojas de los árboles se caen marchitas,
esperando que pare la lluvia,
que el hombre que cuida los carros
de nuestra calle me duele durante las noches
y los días que duerme en la acera,
que tu ausencia no es justa.

Podría, pero no quiero.

No quiero que sepás sobre este trance,
que antecede con violencia
a la prórroga inútil de un amor
que teniendo que ser, no es.

No voy a escribirte palabras
llenas de imágenes de espera,
palabras que extrañan,
que buscan lo que no se ha perdido,
lo que no se esconde,
pero evita ser encontrado.

Yo no escribo sutilezas
para que otros las lean en los teatros
y las muchachas lloren de emoción,
yo simplemente te haré saber
que estoy aburrida de la espera
en este sillón barato, blando e inútil.

MAQUILLAJE

> *Ella se dibuja los ojos*
> *con líneas oblicuas y flexibles*
> *para que esquiven la saña de los inquisidores*
> *y resistan las indagaciones inconvenientes.*
> MARÍA ROSA LOJO

El maquillaje es un accesorio,

como un collar o un par de aretes

o los adornos en las repisas

de las casas de mis abuelas,

inútiles ahora más que antes

porque ambas ya están muertas.

Las sombras de los ojos,

el delineador,

la pintura de labios

y en casos más extremos

algo con que maquillar las cejas

y el perfil de la nariz.

No son más que adornos,

una forma de engañar a quien observa,
de hacerle creer que las caras son más hermosas
de lo que en realidad son.

Es oportuno a veces, sin embargo,
maquillarse un poco para salir al mundo,
engañar a quien observa frente al espejo
y verse a uno mismo de una forma que no es.

Lo que no es negociable
es aquello de maquillar el alma.

El alma debería andar siempre
con la cara lavada.

Campanario

Entibiame por dentro,
nadá de espaldas en el océano de sales
en el que te sumerjo
por las noches tempranas.

Llená mi cuerpo de la sábila blanca
que destilás desnudo.

Mi boca pierde el habla,
mis labios no se humedecen,
el temblor de las dos torres
del olvidado campanario,
se vuelve insoportable.

Yo soy esa paloma,
que llega cada día
a un semáforo en rojo
de alguna ciudad pequeña.

Soy la sombra en el puente,

la estancia llena de cuerpos desconocidos,
el nudo en la garganta,
la cola en el cabello.

La que espera parada
en el dintel de la puerta,
y que espera sentada
en el salón repleto,
la que recorre ansiosa la avenida,
esperando siempre
encontrarte de pie,
con la camisa a cuadros
y el alma dispuesta.

Vos sos quien ara mi polvo,
que trabaja mis deformadas montañas,
que labra el camino a mi placer.

Tus manos son carbones,
tu boca es una brasa,
tus ojos los emisarios
que presagian los excesos.

Entonces colocás tu llave
en la cerradura de la puerta
que contiene las cuotas diminutas
que pago por amarte.

Mi cuerpo sucumbe
ante el tuyo que estalla
y el campanario se llena
de miles de sonidos.

Receta básica contra el encabronamiento

> *Cause you put me back, back in business,*
> *You're my first witness, and I'm here to stay.*
> MADONNA

Nada como escuchar a Madonna
reventarte la cabeza y los oídos en el carro
cuando andás cabreada.

Encendés la radio y ahí está ella
diciéndote con su voz mántrica:
"you just keep pushing my love over the borderline"
y pensás que debe ser profeta,
o tener algún pacto satánico,
porque canta lo que querés gritar.

Entonces ahí,
entre la madrugada y la combustión momentánea
que te empujó a ella sin estar lista,
nada mejor que gritar con Madonna:
"Don´t you know you drive me crazy".

Si además tenés que desplazarte algo lejos
y tenés algunos de sus discos,
es como tomarse una dosis de calmantes,
disminuirá la furia al pasar de sus canciones.

Como una estrella que camina lenta
de arriba a abajo en el cielo,
suena en la radio otro mantra:
"At least I know that my mistakes
are my responsibility".
Subís el volumen y ahora gritás con ella,
con las ventanas cerradas:
"I just have to laugh to keep from crying".

Te das cuenta que la rabia cedió,
ya no querés afilar el cuchillo en algún cuello,
apedrear alguna cabeza,
dejar que el amor se muera de a poco
ahogado en el líquido que viene en botellas
de muchos colores.

Te acercás a tu destino
con el corazón rebosante de palabras inútiles,

pero balsámicas,
con un ritmo pegajoso que te hace cantar:
"what you need is a big strong hand,
to lift you to your higher ground"

Se busca

El cartel será como de papel amarillo y viejo,
sin imágenes,
en formato antiguo,
con palabras grandes
y algunos mensajes imprecisos
que solo yo podré entender.

Tendrá una lista de requisitos deseables,
mencionará lo que no se acepta,
pero se puede tolerar
y tendrá un apartado especial
para lo que no se negocia.

Imprimiré tres copias solamente:

una para mi cabeza,
otra para mi corazón
y otra para leerme en voz alta
cuando quiera culparte
y necesite recordar

que uno está exactamente
donde quiere
y con quien decide.

PAQUETE

Tengo un par de días de ir por ahí
cargando el fardo vacío
de mi propio corazón.

Pesa tanto que me duele
o duele tanto que me pesa
no sé.

Silencio.
Intranquilidad.
Ausencia.
Dolor.

El colibrí no se agita.

No sé si está muerto.

Solo sé que hoy no se mueve.

SILENCIO FORZADO

Un montón de palabras
se me atora en la garganta,
como si el puño de un camionero,
se metiera por la fuerza en mi boca.

Necesito vomitarlo,
sacarlo de mí para que no me ahogue,
deshacerme de los fonemas
que se me atascan
cuando quiero decirlo todo.

O tragarlo
y desaparecer los ojos asustados
que me miran.

De todas formas,
ya hasta digerí
mi propia sangre coagulada.

ARREGLOS DEL CASERO

Hoy pusieron algo de tierra,
arena y escombros
en el hueco de nuestra acera.

Se ve bien y es más seguro.

¿Podré cubrir de igual manera
un hueco en el corazón?

Ya lo he dicho antes:
sí puedo,
pero no quiero dejarte.

¿Qué pasaría si de repente quiero?

No lo sé,
pero desde ya estoy juntando
algo de escombros, tierra y arena.

Mercado central

> ... *Seguimos perdidos en el laberinto.*
> Gustavo Estrada Luque

Entrar al Mercado Central
un martes por la mañana
es un acto de valentía.

Hacerlo después de veinte años
de no perder los ojos
en sus paredes de madera y lata
y tras un lunes nauseabundo y doloroso,
es un acto de estupidez,
o de amor,
depende de por qué y con quién
lo estés visitando.

Caminar por sus pasillos,
sola o de la mano de alguien,
me hace pensar en el cuento
y en lo que me hubiera gustado

haber traído algunas migajas de pan.

Es lo que siento
cuando nos metemos en la cama por horas,
esa sensación de entrar a un lugar
que tiene tantos caminos posibles,
que podría ser que nunca encuentre
el que necesito para salir.

Pero igual que a la cama
y a la vida con vos,
no se me ocurrió traer
migajas de pan al Mercado Central.

NÚMEROS O PALABRAS

Todo está en orden.

La hoja que se desprende del árbol en julio,
el encuentro que siempre esperamos
y pocas veces llega,
los libros de la biblioteca de tu madre,
los números que te obsesionan.

La contabilidad de los instantes
que me has pensado,
la cifra de las veces
que me has hecho el amor,
la cuenta mayor de los momentos
en que has deseado hacérmelo.

No soy buena con los números,
me llevo mejor con las palabras.

Las que alguna vez leí
en la biblioteca de tu madre,

las que me invento cuando te pienso,
las que sí digo cuando te deseo
y no estás.

Las palabras que susurré
al hacernos el amor
y que sé bien que nunca escuchaste.

INCÓGNITA

A veces me pregunto
si alguna de las bocas que he besado
es un recuerdo bajo el zacate
en alguna de las ciudades
donde transitan los muertos.
Divago entre nombres,
caras y hábitos,
reviso datos y cuadros para imaginar
qué podrían estar haciendo
los que no han dejado trazo.
Sus nombres están perdidos
un poco en el tiempo,
otro poco en mi memoria,
no logro recordar sus rostros.
Rezo y no rezo por ellos.
Por los que recuerdo
y por los que no.
Rezo por las cosas
que nunca sabré.

Como si esos hombres
que escapan hoy a mi repaso,
transitarán o no dormidos
en las ciudades de los muertos.

VIAJE EN TRANSPORTE PÚBLICO

Los buses me ponen nerviosa.

Los últimos lugares desocupados,
personas extrañas,
barras azules que cuentan cuerpos
pero no saben de carencias y dificultades,
asientos angostos,
en especial si tenés que sentarte
junto a alguien grande a la redonda.

El timbre descompuesto
gritar ¡parada!,
bajarte cuando el chofer anda de prisa,
sentarte cerca de alguien
que no pudo esperar
y se come impunemente un pollo frito,
una hamburguesa de cafetería
o cualquier otro alimento igual de aromático.

Sin embargo,

cuando una lleva mucho tiempo
desplazándose en transporte propio,
un viaje en autobús se convierte
en una interesante experiencia.

Sentarte con calma
e ir solamente mirando hacia la calle,
sin preocuparte por el volante,
los cambios, el embrague, el acelerador,
el embrague
o el necio en el auto que está al lado,
al frente o detrás tuyo.

Sin esa dosis de ansiedad suspendida
que se siente cuando conducís.

Simplemente te sentás
y observás cómodamente desde tu asiento
los techos de los mauselos
a través de los vidrios polarizados,
la niña de rosado que se mece en una hamaca,
su madre ausente.

El hombre que siente la urgencia
de acomodarse las bolas en público,
las personas que apresuradas,
cruzan las calles.
Sus caras y gestos.

El semáforo,
que de repente deja de ser el objeto inanimado
que te ordena cuándo detenerte y cuándo seguir,
para convertirse en un juguete.

En muchas ocasiones,
con el asiento de al lado vacío,
el único pasajero es un recipiente
lleno de las mejores historias.

Entonces de repente añorás
aquellos viajes en transporte público,
hasta te prometés hacerlo más seguido
para así no tener que luchar
como un animal que solo trata de sobrevivir.

ANGUSTIA

No puedo vivir
en el cuadro desconsolado
que compraste para tu vida.

En la mano tengo un bisturí
que abre pequeños surcos en el sentimiento
para que salga lo triste,
lo desanimado, lo siniestro.

Yo no puedo habitar casas
con paredes pintadas de negro o verde oscuro,
o con puertas y ventanas
que se cierran a la luz.

Me desgasta llegar a ese cuadro,
abrir las ventanas,
teñir las paredes,
recoger los restos de los días de tedio,
poner bombillos en los plafones vacíos,
decorar las puertas con flores y versos,

colgar letras y palabras en los dinteles,

barrer la basura,

sacudir el polvo,

llenar de besos los ojos y los labios cansados,

tender la cama para los excesos,

lavar los platos,

quitarme la ropa,

colgar el orgullo en un gancho rojo,

bajar la cabeza,

contener las lágrimas,

tomarte seco de palabras y desnudo,

anegarte entonces,

donarte mis líquidos

y deshidratarme.

Salir a la calle

y perderte de nuevo.

Yo no soy tristeza,

no soy noches de sangre y lágrima,

no soy penumbra,

no soy pesadumbre,

no soy oscuridad,

ni soy dolor.

Ya no quiero, amor,

seguir con esta odiosa tarea

de dejarte la piel y salir al mundo.

Promesa

Yo no puedo salvarte,
pero sí prometo ofrecerte una luna
que alumbre por las noches
la soledad del cuarto sin pintar
que tenés en el pecho.

Pintarte de colores
lo negro de los ojos,
llenarte de sabores
lo amargo de la boca,
besarte en la mejilla,
acomodarte el cuerpo,
resucitar la esperanza.

Soltar las manos enormes
que te aprietan el cuello,
desatar los dos nudos
que amarran tus zapatos sin cordones.

Yo no puedo salvarte
—eso es trabajo tuyo—
pero puedo recoger semillas
para sembrar tu huerto,
dibujarte una luna
entre miles de estrellas,
curar tus cicatrices,
con miel de amor y beso.

Puedo dejarte entrar en mí,
habitarme por dentro,
lavarme las dos manos
con agua de tus ojos,
limpiar mis pies pequeños,
apretarme en tu pecho
en medio de un suspiro
que dure cincuenta años.

Yo no puedo salvarte,
pero puedo decirte
que quiero que mirés
en mis ojos grandes

y llenos de vos esta promesa:
si creés que vale el esfuerzo,
yo te espero y espero.

Inmolación

¿Qué necesidad tengo de hospedar
pájaros negros en mi pecho?

Se me lanzan,
picotean mis certezas,
cierran y abren las alas en mi cara,
se meten por mi boca,
toman mis entrañas con sus picos.

Me llenan de fluidos granate
que inundan mi nariz y mi garganta.

No puedo hablar,
ni respirar.

Me sacaré los ojos para no verlos,
me reventaré los tímpanos para no oírlos.

Dejaré de anegar mi interior
con los líquidos que destilo
para que se pudran
hasta que me seque.

SAKURA

> *-No quiero irme.*
> *-No te vayas. Quédate conmigo.*
> *Crearemos una banda de jazz.*
> De la película ***Lost in Translation***.

I

Soy una niña
que por primera vez
visita un parque de diversiones.
No quiero cerrar los ojos.
No quiero irme de vos.

II

Esperame siempre.
Caminaré de nuevo en tus calles pequeñas,
podré ver al fin tus cerezos en flor,
calentaré mis pies con el agua del volcán,
me miraré de nuevo en los ojos de sonrisa

de tus mujeres.

Me reflejaré en tus caminos limpios

y lloraré otra vez en uno de tus templos,

dejaré mi alma tatuada en tus maderas.

III

Al mes de setiembre se le perdió la boca,

se le enroscó la lengua,

como al sol de Tokio al atardecer.

Los lamentos agudos

del gigante sulfuroso

descienden la montaña,

brotan en lágrimas que hierven.

Doce pies danzantes

de seis regiones del mundo

despiertan las aguas.

La tierra retumba,

el mar se prepara,

el suelo se pinta de rosado pálido,
cubierto de sakuras.

Viajo al futuro cien años
para encontrar un pasado
que desconocía.

Soy esa sonrisa
que dice adiós de nuevo
y se queda por siempre.

Resonancia

Hay momentos que me sorprenden
y hacen que mi corazón suene.

No late,
suena.

Se escucha por encima
del ruido de la mañana.

AGONÍA

Pedí auxilio,
siete bofetadas me danzaron en la cara.

Grité auxilio,
cinco plomos asaltaron mi cuerpo.

Lloré auxilio,
una daga se alojó en mi pecho.

Auxilio es una palabra inútil.

Montaña rusa

No me importa que el título
venda el poema.

Esta vez no importa.

Porque hay semanas
que la poesía no me salva,
pero me sube a la montaña rusa
de los pequeños detalles.

Tampoco importa
si abuso del gerundio.

Me importa poco abusar de los adjetivos,

Porque hoy la poesía
no me está salvando.

Me está tirando, amarrando,
haciendo rebotar de un lado al otro.

Desanudando y desordenando los hilos
de mis esperanzas.

No se recomienda abusar de los listados,
entonces díganme qué hago con:
          los sábados perdidos
          el sillón mostaza
          la cama sin colchón
          el comedor diminuto
          los libros en desorden
          los papeles con sueños
          las casas llenas de palabras
          las bocas silenciadas
          los besos desperdiciados
          el agua de mi fuente
          el hueco en la mirada
          las tristezas.

La poesía no salva,
solo te pone
en una maldita montaña rusa.

Partículas

Esperar.

En las cúpulas altas
de las diez soledades.

En los hierros helados
que no conducen,
alejan.

El corazón hoy es de arena.
Restos dentro del cuerpo vivo.

No late,
transita en la cavidad torácica.

No bombea,
el polvo no es un músculo
y la sangre no es un líquido.

CATRINA

Mi sombra está compuesta
de todas las mujeres que soy.

Cuando la luz se asoma,
se aglomeran las otras.

No provengo de un hombre.

Me extrajeron de la costilla de un muerto.

Soy fruto de la Dama de la Guadaña.

De ella conservo
que me dé lo mismo rico o pobre,
joven o viejo,
bonito o feo.

Por ella también
mi oficio es
robarle almas al mundo.

LINDA LEE

Cherkovski tal vez tenga razón:
Linda zanganea por la vida
sin Hank.

No vive,
pinta poemas en los lienzos,
rastrea palabras en el fondo de las botellas,
se acomoda la nariz
como si se tratara de un corazón.

Le bailó,
puso su cabeza en un pedestal.

Sin saberlo
le autografió una mortaja en blanco.

ALAS ROJAS

Yo quisiera también formar el nido:
sándalo, laurel, agáloco.

Tan alto que ningún pie llegue,
tan lejos que el cobarde
pierda la esperanza de encontrarlo.

Extender las alas,
apaciguar el cuerpo,
quemar las dudas.

Renacer
en el mismo fuego que me consume.

PASHMINA

Me cubro el cuerpo
con un pedazo de cachemira.

Tu piel morena
                se queda en mí cuando te vas.

MAPA

Destilo mis líquidos
cuando te adentrás en mi territorio,
luna seca,
astro humano,
maná.

Me explorás desde adentro
y en la tercera hora
terminás en mis labios.

Tu beso en mi boca,
tu mano en mi pecho,
tu cuerpo en mi atlas.

ARREBATO

No quiero hablar más de vos,
ni con vos.

Sos el mago de las palabras,
agricultor de lo efímero,
el maestro del silencio.

Precarista se queja
de la propiedad usurpada.
Estaba toda compuesta
de arena movediza.

ESPEJO

Dejo mi imagen del tamaño que está hoy:
una pizca de milímetro más que un átomo.

El reflejo me devuelve lo que parece ser
un cuerpo en partes:
una cabeza
un tronco
unas extremidades

Solo un órgano interno es visible
y no es precisamente mi cerebro.

THE WITCH

Quisiera ser como Yoko Ono:
la Bruja que se metió
entre John y los Beatles.

Así quienes hablan
tendrían razón.

VIAJE

Hay días como hoy
en los que destilo hiel.

Me asquean los abrazos,
los besos,
el tiramisú.

Podría subir a una bicicleta
e ir a darle vueltas al mundo.

Sin parar.

PRESAGIO

El árbol está quieto,
una sola hoja se mueve.

Balance verde y cobre.

La fruta quería ser buena
pero se inundó con tanta agua.

Está podrida.

ALEVOSÍA

Una mano gigante
con piel de algodón
me aplastó el mundo.

En el tiempo de papel,
el agua es abortiva,
las horas se deshacen
y no pasan.

Algunos cuerpos de fibra suave
tienen ácido en las venas,
huesos de cedro,
músculos violentos.

La mano con piel de algodón
ya había escrito mi epitafio.

Muda

La piel que amaba tocarte,
se cayó.

No resistió la cercanía
de aquel otro cuerpo
que pretendía ser el tuyo.

En su lugar creció una malla rancia,
de angustia, deseo y olvido.
De noches de darle al otro
lo que sabía tuyo.

—No te demorés—
te gritó,
mientras te veía desaparecer
en los ojos ahogados
del que no eras.

—No te vayás de nuevo—
te rogó entre los restos

de lo que se perdía
en el fondo incoloro.

—Ya no puedo más—
te dijo justo antes
de cambiarse por otra.

EXPEDICIÓN

Hoy visité mi cuerpo,
toqué sus cicatrices,
las viajé de memoria.

En el labio superior,
el fuego del diablo

En la rodilla derecha,
el calor del entusiasmo

En el tabique de la nariz,
un vestigio del cristal

Y en medio de mis piernas,
la cicatriz de un amor expulsado.

En blanco

Una a veces escribe de una misma
y otras veces escribe acerca del árbol
del que cayó una pluma en julio.

Una a veces escribe
de la piedra silenciosa
que le aprieta la garganta,
que le provoca el grito.

Una a veces escribe de la paz
que se pasea en colores por los tratados
pero nunca toca tierra.

Y a veces escribe
de la nube de hojas
que le impide seguir la ruta apretada,
pero elegida.

Pero hay días que una
mejor no escribe.

El doble

Me enfermé de la miel
que sale de tu ojo izquierdo.

Tengo una luna sin espejos
en la planta del pie.

Sostendría tu voz en mi pecho,
si no lo tuviera lleno
de diminutas flores cobardes.

No hay sonrisas en la cara
de los que viven bajo las nubes
amarillas de pus.

No hay pretextos en las bocas
de los que saben lo que no deben.

Tras las veinticuatro soledades
de la mujer incompleta
que me sigue,

se desaniman las frases
que todos conocen,
que todos utilizan.

Tras la doble cara
del muñeco de trapo,
se alzan dos sombras.

Ninguna es la mía.

Hotel Presidente

11:40 p.m.
Quisiera descorchar
la botella de champagne,
entender qué se siente
adormecer la conciencia
y olvidar que algunas piedras
se te incrustan en las rodillas
y que a veces las palabras no se quedan
en la punta de la lengua.

Desde esta habitación
la ciudad de San José parece
una niña vestida de colores,
el corazón se siente como un pan
que alguien botó a la basura
desde el cuarto piso.

No es prudente dormir sola en un hotel,
cuando la imagen de un momento sin definición
te habita.

UN ADIÓS AL ESTILO DALAI LAMA

A mí la piel no se me cae,
me la arranco cuando es necesario.

Unos pies se alejan
y para no contradecirlos
yo les amarro las cintas.

Unas manos se despiden
y para que no se vayan vacías
yo les doy mi pan.

Un cuerpo busca distancia
y para que no se detenga
yo le cuelgo algunas lunas
con un abrazo.

Día de muertos

El frío esta mañana
se siente algo distinto.

Me entra por la parte posterior de los brazos,
siento que se me caen la nariz y las orejas,
¿me pregunto si habrás muerto?

Siempre pensé
que vendrías a visitarme
al morir.

Te pararías detrás de mí
y me pondrías las manos en los hombros
sin abrazarme,
como hacías siempre.

Después te irías,
también como siempre.
No creo que hayás muerto hoy.
El frío no se va.

Velocidad de crucero

Hay días que, de tan largos, no cansan.

Uno los atraviesa
a velocidad crucero,
sin acelerar ni frenar,
solo avanzando.

Son días llenos de besos
que se esconden de las despedidas.

Hay días que, de tan largos,
no se acaban.

Los ojos no se cierran,
la mente no se calma,
las bestias no paran de trotar en las sienes,
el miedo escribe puntos suspensivos.

Y hay días que, de largos que son,
no bastan

La otra

Después de tantas veces desnuda ante vos
hoy no encuentro la forma
de ponerme la ropa,
lavarme los ojos
y salir a enfrentar
el funeral que soy.

La línea recta, continua, firme
que se acostaba frente a mis ojos,
se partió.

El jugo incoloro que he sido en vos,
se manchó y también hiede.

Ya no podré salvarme.

Una pluma de atramentum
me escribió cuatro palabras en el corazón:
Ahora sos la otra.

PSICONAUTA

Dentro de un destilador de piedra
en un país tropical
recibo tu invitación
a tomar un café en Glasgow.

Como a una psiconauta
me llegan imágenes
de puentes rosados
edificios con barbas ancestrales
y una gran vía azul.

Un binóculo invertido
me muestra la mesa con dos tazas.
El recuerdo de una visita.

Una promesa en espera.

ELLA

La veo y nada viene a mi mente,
todo se concentra en ese músculo
que le da ritmo al pecho.

Me dice "te amo"
y la noche se parte
en muchas lunas diminutas.

Seguro algún día
ella se va a ir de mí,
no lo sé.

Solo sé que fuimos
los latidos de un mismo corazón.

ABANDONO

La noche rompe en diez lunas a la madre.
Tomo la mía.
Una esfera blanca, pintada de rojo.
Un pañuelo en la silla de la otra.

El agua está sucia,
mis pies en el barro.
De día soy solo la mujer que teje;
de noche, soy la bruja con sus marionetas.

El ruido de la tormenta
no me deja decirlo,
me dibuja una pregunta en la boca.
El viento se me enrolla en las piernas.

El corazón hoy no alcanza.

La luna en mis manos
no es suficiente.

CIERRE

Retoco el cuadro
la base amarilla queda al descubierto
acomodo los colores
cambio las líneas

la luna permanece inmóvil
la misma luna
no da la vuelta

el sol en Japón
quema las caras de los japoneses
sin moverse

la hoja del árbol
sostiene los minutos
el tiempo no avanza

no sucede nada,
el "Re" suena continuo
no hay descanso

el "Re" se sustenta
en pausa

la gota no derrama el vaso
nada cruza la línea
todo se detiene

no nacen los niños
no se renuevan los votos
no se digiere el plato de comida
el poema no se escribe
no se pasa la página
no se termina el libro
no se cierra la puerta

Adentro,
estos mil doscientos treinta días
no pasan.

Afuera,
el tiempo camina todas las noches,
cambia la manecilla del reloj,
el cuadro se completa,

la luna se viste de fases,

el sol se acuesta y amanece,

la hoja se cae,

el "Re" se detiene,

el vaso se derrama,

la línea se rebasa,

se pasa la página,

se termina el libro,

se cierra,

finalmente,

la puerta.

#41MESESENPAUSA

Todos los días se despierta una, se levanta, se enfrenta al mundo y a su propia mierda.
Todos los días, siempre, se revisa una los miedos, los repasa, los asume y los guarda porque para nada le sirven. Igual cada mañana (o cada tarde, según la hora en que se levante), una se mira al reflejo que le da el espejo, se cuenta las canas, las arruguitas, los cansancios de los ojos, las tristezas de la boca, los pesares de la frente, la sed de los labios y las cuotas de dolor que se esconden en los camanances y con todo eso, construye una de nuevo la sonrisa y sale al mundo.
Y aun así el mundo reclama.
Pero igual, cada día, repite una la misma faena de despertar, levantarse y colgarse la sonrisa.

Acerca de la autora

Rebeca Bolaños Cubillo. Nació en San José, Costa Rica en 1973. Estudió Relaciones Públicas y Comunicación, actualmente se encuentra cursando la carrera de Bellas Artes, es gestora cultural y productora de eventos culturales y artísticos con una perspectiva social, colabora con mentorías a emprendimientos culturales y talleres en esta disciplina.

Inicia su producción poética en el año 2014 en el Taller-Laboratorio Tráfico de Influencias, facilitado por el poeta costarricense Alfredo Trejos y del cual forma parte hasta la fecha.

A partir de enero del 2017 lanza una serie de reseñas e información sobre actividades literarias en el país y la región, en la plataforma de su proyecto Palabra y PUNTO, actividad que busca la exploración de diferentes acciones relacionadas con libros, lenguaje y literatura como objeto de arte.

Se encargó de la Producción Ejecutiva del Festival Internacional de Poesía de Costa Rica durante el año 2016 y 2017.

También ha participado en el Festival Mesoamericano de Poesía, en Chiapas, México y el Festival Internacional de Poesía Los Confines en Gracias, Honduras, en el año 2017. En el año 2018 publica su primera obra titulada *41 meses en pausa* con la editorial New York Poetry Press.

ÍNDICE

41 MESES EN PAUSA

Inventario · 13
Monotonía · 14
Sequedad · 16
La lápida · 17
El puente · 18
Despertar · 19
En vos confía mi cuerpo · 20
¡Mip, mip, mip! · 21
Oscuridad · 22
Destierro voluntario · 23
El reloj de pandora · 24
Tarjeta roja · 25
Angustia · 26
Acusados · 27
Calle sin salida · 28
Degradación · 29
Dictado · 30
Desnudos · 31
Derecho de respuesta · 32

- **Samurai** · 33
- **El camino de Santiago** · 34
- **Aquí** · 35
- **Haiku** · 36
- **Nada es lo que parece** · 37
- **De las pequeñas cosas** · 39
- **Whatsapp** · 40
- **Templos** · 41
- **La silla vacía** · 42
- **El pequeño viaje que me salva y te salva** · 43
- **Descanso** · 45
- **Creyentes** · 47
- **Ataque** · 49
- **Exfoliador vital** · 50
- **Los hemisferios cerebrales de Carrie Bradshaw** · 51
- **Amor** · 53
- **Ciclos** · 54
- **Luna llena, blanca y roja** · 55
- **Emancipada** · 56
- **Significado** · 59
- **Fantasma** · 60
- **Taller** · 62

Perdón ·	64
Nombres ·	65
Traje ·	67
Nuestra canción ·	69
Violonchelo ·	70
Intolerancia ·	71
Parajoda ·	74
Colores ·	76
Parto ·	78
Espera ·	80
Maquillaje ·	83
Campanario ·	85
Receta básica contra el encabronamiento ·	88
Se busca ·	91
Paquete ·	93
Silencio forzado ·	94
Arreglos del casero ·	95
Mercado central ·	96
Números o palabras ·	98
Incógnita ·	100
Viaje en transporte público ·	102
Angustia ·	105

Promesa ·	108
Inmolación ·	111
Sakura ·	113
Resonancia ·	116
Agonía ·	117
Montaña rusa ·	118
Partículas ·	120
Catrina ·	121
Linda lee ·	122
Alas rojas ·	123
Pashmina ·	124
Mapa ·	125
Arrebato ·	126
Espejo ·	127
The Witch ·	128
Viaje ·	129
Presagio ·	130
Alevosía ·	131
Muda ·	132
Expedición ·	134
En blanco ·	135
El doble ·	137

Hotel Presidente · 139
Un adiós al estilo Dalai lama · 140
Día de muertos · 141
Velocidad de crucero · 142
La otra · 143
Psiconauta · 144
Ella · 145
Abandono · 146
Cierre · 147
#41mesesenpausa · 150

Acerca de la autora · 153

Colección
PIEDRA DE LA LOCURA
Antologías personales
(Homenaje a Alejandra Pizarnik)

1
Colección Particular
Juan Carlos Olivas

2
Kafka en la aldea de la hipnosis
Javier Alvarado

3
Memoria incendiada
Homero Carvalho Oliva

4
Ritual de la memoria
Waldo Leyva

5
Poemas del reencuentro
Julieta Dobles

6
El fuego azul de los inviernos
Xavier Oquendo Troncoso

Colección
MUSEO SALVAJE
(Homenaje a Olga Orozco)

1
La imperfección del deseo
Adrián Cadavid

2
La sal de la locura
Fredy Yezzed

3
El idioma de los parques / The Language of the Parks
Marisa Russo

4
Los días de Ellwood
Manuel Adrián López

5
Los dictados del mar
William Velásquez Vásquez

6
Paisaje nihilista
Susan Campos-Fonseca

7
La doncella sin manos
Magdalena Camargo Lemieszek

8
Disidencia
Katherine Medina Rondón

9
Danza de cuatro brazos
Silvia Siller

10
El más furioso de los perros / The most furious of the dogs
Randall Roque

11
El rumor de las cosas
Linda Morales Caballero

12
El país de las palabras rotas
Juan Esteban Londoño

13
Versos vagabundos
Milton Fernández

Colección
TRÁNSITO DE FUEGO
(Homenaje a Eunice Odio)

1
41 meses en pausa
Rebeca Bolaños Cubillo

2
La infancia es una película de culto
Dennis Ávila

3
Luces
Marianela Tortós Albán

4
La voz que duerme entre las piedras
Luis Esteban Rodríguez Romero

5
Solo
César Angulo Navarro

6
Échele miel
Cristopher Montero Corrales

7
La quinta esquina del cuadrilátero
Paola Valverde

Colección
LABIOS EN LLAMAS
(Homenaje a Lydia Dávila)

1
Fiesta equivocada
Lucía Carvalho

2
Entropías
Byron Ramírez Agüero

❖❖❖

Colección
SOBREVIVO
(Homenaje a Claribel Alegría)

1
#@nicaragüita
María Palitachi

Colección
MUNDO DEL REVÉS
(Homenaje a María Elena Walsh)

1
El amor es un gigantosaurio observando el mar
Minor Arias Uva

◆◆◆

Colección
PARED CONTIGUA
(Homenaje a María Victoria Atencia)

1
La orilla libre
Pedro Larrea

2
Pan negro
Antonio Agudelo

Para los que piensan, como Eunice Odio, que *la soledadad es un visitador intacto*, este libro se terminó de imprimir en agosto de 2018 en los Estados Unidos de América.

www.ingramcontent.com/pod-product-compliance
Lightning Source LLC
Chambersburg PA
CBHW030115170426
43198CB00009B/629